Susanne Enners

Waldbaden im Zen-Geist

~ Shinrin Yoku ~

森
林
浴

Bibliografische Information der Deutschen Nationalbibliothek: Die Deutsche Nationalbibliothek verzeichnet diese Publikation in der Deutschen Nationalbibliografie; detaillierte bibliografische Daten sind im Internet über http://dnb.dnb.de abrufbar.

Übungen und Ratschläge in diesem Buch sind sorgfältig ausgesucht und erprobt. Sie bieten allerdings keinen Ersatz für einen Arzt- oder Heilpraktikerbesuch. Sie dienen als Begleitung und als Anregung der Selbstheilungskräfte. Alle Angaben in diesem Buch sind ohne Gewährleistung und Garantie seitens der Autorin oder des Verlages. Eine Haftung der Autorin oder des Verlages für Personen-, Sach- und Vermögensschäden ist daher ausgeschlossen.

Waldbaden im Zen-Geist - Shinrin Yoku

ISBN Paperback: 978-3-7482-7192-5
ISBN e-Book: 978-3-7482-7194-9

Autorin:	Susanne Enners
Umschlag:	Sandra Langsdorf
Layout:	Susanne Enners
Fotos:	Susanne Enners & Sandra Langsdorf
Umschlagfoto:	Susanne Enners (Zen-Garten des Benediktushofes in Holzkirchen/Würzburg)
Verlag & Druck:	tredition GmbH, Halenreie 40-44, 22359 Hamburg

© 2019 Susanne Enners (Autorin), **www.shinrin.de**

Inhalt

Vorwort

Vor einigen Jahren spürte ich eine große Leere und Sinnlosigkeit in meinem Leben. Diese Gefühle wurden so überwältigend, dass mein Körper mit Panikattacken reagierte. Mein Arzt erkannte die Situation und riet mir zu einem Klosteraufenthalt. Ich in einem Kloster? Was sollte ich dort? Damals kam mir eine Auszeit im Kloster sehr radikal vor. Ich verstand noch nicht, wofür das gut sein sollte. Aber bevor es mir immer schlechter gehen würde, entschied ich mich lieber für einen Zen-Meditationskurs. Das war meine Rettung! Dort lernte ich Zazen kennen, die Meditationspraxis im Zen: Sitzen - Atmen - präsent sein.

So kam ich sehr schnell in den Kontakt mit meiner Intuition, welche mir riet, täglich das Waldgebiet in meiner Nähe aufzusuchen. Tag für Tag setzte ich mich unter die wunderschönen grünen Bäume, mitten in die Stille und meditierte. Ich fühlte mich dort geborgen und aufgehoben. Meine seelischen und körperlichen Kräfte kamen sehr schnell wieder und meine Panikattacken verschwanden. Ganz ohne Therapie und Tabletten! Es war wie ein Wunder. Ich war bald wieder ausgeglichen und gesund. In dieser Verfassung war es ein leichtes, meinem Leben eine positive Richtung zu geben und weitere heilsame Veränderungen vorzunehmen.

Was ich damals noch nicht wusste: Ich praktizierte Shinrin Yoku!

Die Hintergründe und Übungen, welche meine Genesung unterstützten, möchte ich Ihnen in diesem Buch gern weitergeben. Sie sind von mir ausgiebig praktiziert worden, und ich gebe sie seit Jahren in meinen Waldbaden-Seminaren erfolgreich weiter. So konnte ich immer wieder an den Teilnehmerinnen und Teilnehmern direkt erleben, was im Wald mit uns Menschen heilsames geschieht...

Über die Anwendung dieses Buches

Dieses kleine Büchlein ist, wie die japanische Ästhetik auch, auf das wesentliche beschränkt. Neben der Herkunft und Entstehung von Shinrin Yoku, den grundlegendsten gesundheitlichen Wirkungen, sind zusätzlich verschiedene Atem- und Körperübungen beschrieben. Um Shinrin Yoku effektiv durchzuführen, benötigen Sie nicht viel mehr als genau das: Ihren Atem. Eben wie bei der Zen-Meditation auch.

Lesen Sie am besten diesen kleinen Ratgeber vorab durch. So lernen Sie das Wichtigste über Shinrin Yoku kennen und können sich für Ihr erstes Waldbaden bestmöglich vorbereiten.

Es ist hilfreich, die hier im Buch beschriebenen Übungen in Ruhe, im geschützten Raum Ihres Zuhauses, zu üben. Sie haben dann eine Vorstellung davon, wie diese Übungen für sich allein genommen, eine starke beruhigende Wirkung auf Sie haben. Bei den Atemübungen gehen Sie bitte nach der Nummerierung vor, denn sie bauen aufeinander auf. Sie lassen Ihre Atmung immer tiefer werden, sodass Sie wieder lernen, richtig „durchzuatmen" und sich von Ihren Gedanken zu befreien.

Nehmen Sie später diesen Ratgeber am besten mit in den Wald. Zur Erinnerung an die korrekte Ausführung der Übungen und zum Zeitvertreib.

Tipp: Probieren Sie einmal einzelne Atemübungen vor dem zu Bett gehen aus. Sie helfen, leichter in den Schlaf zu finden und besser durchzuschlafen.

Ich wünsche Ihnen beim Lesen und bei den Übungen viel Freude.

Mögen Sie sich inspirieren lassen!

Herzlichst Ihre Susanne Enners

Shinrin Yoku, Zen und Shintoismus

Mich begeistert die Lebensart der Japaner. Japan ist durchzogen von Achtsamkeit. Im Alltäglichen ist überall in Nippon der Zen-Geist zu spüren. Das Selbstverständnis darüber, dass wir alle EINS sind, die Gegenwärtigkeit, die Ästhetik, die japanische Höflichkeit und die Naturverbundenheit der Japaner beeindrucken mich.

An diesem Lebensstil haben der Zen und der Shintoismus einen großen Anteil. Daher möchte ich Ihnen kurz einige Begriffe und Zusammenhänge beschreiben:

Shintoismus

Die Urreligion Japans, der Shintoismus (übersetzt: „Weg der Götter") ist eine Naturreligion, die viele Götter verehrt, diese heißen Kami. Sie sind die

Beherrscher der Naturgewalten. So kann im Shintoismus alles Kami sein, z.B. ein Berg, ein Baum, ein Fluss.

Da Japan eine große Inselkette mitten im Pazifischen Ozean ist und zum sogenannten Feuerring gehört, wird dieses Land seit jeher von Vulkanausbrüchen, starken Erdbeben und Tsunamis heimgesucht. Diese unsichere Lage brachte die starke Bindung Japans zu dieser natur- und götterbezogenen Religion.

ZEN

Der Japaner Eisai Zenji brachte im 12. Jahrhundert den chinesischen Chan in seine Heimat. Chan bekam in Japan den Namen Zen. Auf der Suche nach dem unverfälschten Zen, ging etwas später Dōgen Zenji nach China. Er lehrte nach seiner Rückkehr in Japan den reinsten und klarsten Zen, welcher noch heute für uns unglaublich modern ist.

Zen ist eine meditative Geisteslehre, mit der formalen Praxis des Zazen (sitzen in Stille) und der informellen Praxis, den Achtsamkeits-Übungen.

Zen und Shintoismus beeinflussen bis zum heutigen Tag den japanischen Alltag. Beide Religionen leben in friedlicher Koexistenz.

Japaner leben nach der einfachen Formel: Leben als Shintoist, sterben als Buddhist. So verwundert es nicht, dass ein Land, welches beides lebt, Shinto und Zen, Shinrin Yoku hervorbrachte...

Shinrin Yoku

Das japanische Shinrin Yoku wird zumeist mit „Waldbaden" übersetzt.

Dieser Begriff ist sehr treffend, da man mit all seinen Sinnen (sehen, hören, riechen, schmecken, spüren...) in den Wald „eintaucht". Es ist ein Waldbesuch, wo die Heilkraft des Waldes mit Achtsamkeitsübungen verstärkt wird.

„Die Heilkraft des

Waldes nutzen & mit Achtsamkeit

verstärken.

Das ist Shinrin Yoku."

- Susanne Enners -

Entstehungsgeschichte des Waldbadens:

- 1982 prägte das japanische Ministerium für Landwirtschaft, Forsten und Fischerei den Begriff „Shinrin Yoku" (Japanisch: 森林浴, 森 Shin = großer Wald, 林 rin = kleiner Wald, 浴 Yoku = Baden).

- Seit 1982 wird zu diesen Thema geforscht, und es wurde wissenschaftlich bestätigt: Waldbaden senkt den Blutdruck, reguliert den Puls, reduziert die Stresshormone im Körper, erhöht die Killerzellen zu Bekämpfung z. B. von Krebs und stärkt allgemein das Immunsystem.

- 2007 wurde in Japan die „Gesellschaft für Wald-Medizin" gegründet. Präsident ist Dr. Qing Li.

- 2012 wurde an japanischen Universitäten der Forschungszweig „Forest Medicine" (Wald-Medizin) gegründet.

- Dr. Qing Li lehrt an der „Nippon School" in Tokio das Fachgebiet Wald-Medizin. Er erforscht die positiven Auswirkungen des Waldbadens auf den Menschen in Bezug zu Stimmung, Stress und Immunsystem.

14

Was beim Waldbaden geschieht

Die Terpene

Wissenschaftler haben herausgefunden, dass besondere pflanzliche Botenstoffe, die sogenannten Terpene, das Kommunikationsmittel der Pflanzen und Bäume in der Natur sind. So kann ein Baum über die Luft mit diesen gasförmigen Terpenen, welche von den Blättern, Nadeln und Baumrinden abgesondert werden, Signale an seine Artgenossen weiterleiten, um so zum Beispiel Insekten anzulocken, welche Fressfeinde bekämpfen. Das hilft, den Waldbestand gesund zu erhalten.

Nicht nur die Bäume senden mit Terpenen Nachrichten, auch Sträucher, Büsche, Pilze, Moose und Farne sind dazu in der Lage. So entsteht im Wald eine wahre Mixtur von gesunden Terpenen in der Luft!

Forscher in Japan konnten nachweisen, dass die Terpene gleichfalls mit unserem Immunsystem kommunizieren. Kein Wunder, denn schließlich sind auch wir ein Teil der Natur. Daher erklärt sich, neben der frischen Luft und der körperlichen Bewegung, warum der Aufenthalt im Wald das Immunsystem stärkt.

Anhand von Blut- und Urinproben konnte Dr. Qing Li nachweisen, dass die Stresshormone Adrenalin und Cortisol nach einem Tag Waldbaden bei Männern um 30 Prozent gesenkt wurden und am zweiten Tag im Wald sogar um 35 Prozent. Bei Frauen ist der Effekt sogar noch deutlicher: Bei Frauen war der Wert des Adrenalins um mehr als 50 Prozent gesunken und am zweiten Tag um mehr als fantastische 75 Prozent!

Dr. Qing Li und sein Team erforschten auch die Erhöhung von Killerzellen im Körper durch Terpene und sie führten ein spannendes Experiment durch: Sie reicherten in einem Hotelzimmer die Atemluft mit Terpenen an. Und auch hier, ohne Waldaufenthalt, stieg die Zahl der Killerzellen im Blut an! Killerzellen gehören zu den weißen Blutkörperchen und helfen beim Bekämpfen von Tumoren und Infekten [1].

Terpene sind jedoch nicht nur in der Waldluft zu finden. In ätherischen Ölen und Harzen, welche aus Pflanzen und Bäumen gewonnen werden, sind sie ebenso vorhanden.

Tipp: Im Winter, wenn der Wald ruht und sich regeneriert, ist die Anzahl der Terpene niedriger als im Frühling, wenn das Blattgrün so richtig sprießt. Des Weiteren sind Waldwege im Winter oft unzugänglich, und wir können Waldbaden evtl. längere Zeit nicht durchführen. Zum Ausgleich können Sie eine Aromaöllampe verwenden und ätherische Baumöle wie z. B. Tanne, Kiefer, Zypresse einsetzen. Denn auch dort sind die Terpene zu finden.

Übrigens: Wussten Sie, warum den meisten spirituellen Wegen der Welt (wie z.B. Katholizismus, Hinduismus und Buddhismus) Räucherwerk abgebrannt wird? Weihrauch besteht aus dem Baumharz des Weihrauchbaumes, dessen intensiver Duft befreit mit seinem ätherischen Öl den Geist, wirkt Verspannungen entgegen und fördert damit einen erholsamen Schlaf. Bei Sandelholz, oft der Hauptbestandteil von Räucherstäbchen, haben wir dieselben Auswirkungen auf die Psyche. Nachweislich sinkt die Konzentration von Stresshormonen im Blut beim Abbrennen und Inhalieren von Sandelholz. Herz und Nervensystem kommen ins Gleichgewicht. Kein Wunder, denn Sandelholz wird aus dem Sandelholzbaum, sowie aus dem Balsambaum hergestellt. So werden bei diesen Räucherwerken die bekannten, heilsamen Terpene freigesetzt, und wir können sie über die Atemluft aufnehmen.

Der Vagus-Nerv

Durch die vielen Forschungen zum Thema „Shinrin Yoku" wurde bestätigt: eine Waldumgebung sorgt durch Reizung der Sinnesorgane für eine Aktivierung des Vagus-Nervs.

Er ist unser längster Gehirnnerv und läuft an der Wirbelsäule entlang. Er wird auch Ruhe-Nerv genannt, da er Ruhe und Regeneration in unserem Nervensystem auslöst.

Somit führt auch hier der Wald zur Verstärkung der inneren Ausgeglichenheit.

Durch Aktivierung des Vagus-Nervs regulieren sich fast alle unsere inneren Organe wie z. B. Herz, Lunge, Magen und Darm. Sie nehmen dann Ihre ausgeglichene Tätigkeit wieder auf.

Zusätzlich können wir den Effekt auf diesen fantastischen Ruhe-Nerv mit einer tiefen Bauchatmung, genauer gesagt einer Zwerchfellatmung, verstärken.

Die Farbe „Grün"

Grün ist die Farbe, welche am häufigsten in der Natur vorkommt und Ruhe, Regeneration beim Menschen auslöst. Die Medizinische Farbtherapie setzt Grün unter anderem für ein Ausbalancieren des Herz- und Nierenrhythmus ein.

Selbst in unserer Sprache finden wir einen Zusammenhang zwischen der Farbe Grün und dem Herzen. Der Spruch: „Wir sind uns grün" bedeutet, wir verstehen uns gut. Also: unsere Herzen sind miteinander verbunden.

Übrigens: Aus dem Yoga kommt das Chakren-System. Es sind insgesamt sieben Energiezentren im menschlichen Körper. Ihnen werden bestimmte Farben zugeordnet. Grün ist die Farbe des Herz-Chakras. Ebenso gehört das Tönen des Buchstabens „A" zu diesem Chakra (mehr auf Seite 73).

Dass die Farbe Grün ein Naturheilmittel ist, belegte einwandfrei schon im Jahr 1984 Professor Roger Ulrich. Er bewies, dass durch den Blick auf einen Baum die Genesung von Patienten schneller voranging, als wenn sie täglich auf eine Hausmauer schauten. Genauso wurde von ihm belegt, dass der Blick auf den Baum dazu verhalf, weniger Schmerzmittel zu benötigen [2].

Tipp: Bringen Sie deshalb mehr Grün in ihre Wohnung. Sei es ein neuer Wandanstrich, eine grüne Tagesdecke oder eine schöne Zimmerpflanze. Auch solche Kleinigkeiten wirken sich harmonisierend und gesundheitsfördernd aus.

„Wenn Du depressiv bist,
lebst Du in der Vergangenheit.

Wenn Du gestresst bist,
lebst Du in der Zukunft.

Wenn Du in Frieden bist,
lebst Du in der Gegenwart."

~ Laotse ~

Warum Shinrin Yoku & nicht ein Waldspaziergang?

Warum benötigt man Shinrin Yoku, also den achtsamen Waldbesuch, an Stelle eines normalen Waldspaziergangs? Denn Terpene sind schließlich immer in der Waldluft vorhanden. Die Erklärung findet sich in der modernen Stressforschung.

Meist wird im Alltag davon ausgegangen, Stress sei etwas von außen, etwas wie z. B. unsere Arbeit, unser Umfeld, die Menschen um uns herum. Scheinbar unser ganzes Leben.

Dabei wird oft ein großer Stressfaktor übersehen, welcher in unserem Innenleben zu finden ist. Er setzt sich zusammen aus unseren negativen Gedanken und den daraus geformten negativen Überzeugungen.

Gehen wir also mit unseren Sorgen und Problemen in den Wald und sind ständig am Grübeln und unseren Gedankenspielen am Nachhängen, passiert folgendes: ein großer Teil der gesundheitsfördernden Effekte der Waldatmosphäre gehen verloren, da unser Körper nur wenig zwischen stressigen Gedanken, oder realen stressigen Situationen unterscheiden kann. Bei beiden Vorgängen schüttet er Stresshormone wie Adrenalin und Cortisol aus. Dadurch steigt u.a. der Blutdruck und das Herz schlägt schneller.

Damit wir nicht in diese Falle tappen, benötigen wir Achtsamkeitsübungen. Wir üben im Hier und Jetzt anzukommen. Da wir mit unseren Gedanken immer wieder wie automatisch abschweifen, müssen wir zwischendurch anhalten, uns zentrieren, den Atem wahrnehmen. Sonst setzt unmerklich und unkontrolliert der Autopilot ein und wir sind wieder mit unseren Gedanken beschäftigt. Durch die kontinuierliche Rückkehr zur Atembeobachtung, wird aus einem normalen Waldspaziergang Shinrin Yoku.

1. Atemübung: Die Atembeobachtung

Stellen Sie sich gerade hin, die Beine hüftbreit auseinander. Arme hängen an den Seiten locker herunter. Heben Sie die Schultern hoch zu den Ohren und lassen Sie sie abrupt fallen. Machen Sie dies insgesamt 3-mal. Dann legen Sie eine Hand auf Ihre Brust und die andere auf den Bauch. Beachten Sie bitte dabei, nicht Ihre Schultern wieder hochzuziehen, sondern lassen Sie sie entspannt. Beobachten Sie Ihren Atem, wie er von allein kommt und geht. Nehmen Sie die wellenartige Bewegung Ihres Oberkörpers dabei wahr. Atemzug um Atemzug. Dann beobachten Sie welche Hand sich am meisten hebt und senkt. Einfach beobachten. Sonst nichts. Aber wertfrei bleiben.

„Bewusstes atmen

ist der Weg

zum inneren Frieden"

- Susanne Finners -

Achtsamkeit

Um Achtsamkeit zu schulen, hat man in Japan wundervolle Wege entwickelt. Einige möchte ich nennen:

- das Bogenschießen – Kyūdō („Weg des Bogens")

- der Teeweg - Chao („Weg des Tees")

- der Blumenweg - (Kadō „Weg der Blumen")

- das Haiku-schreiben (kurzes Gedicht)

- die Shakuhachi spielen (Sui-Zen = Blas-Zen)

Von einer Teezeremonie oder vom japanischen Blumenweg, auch Ikebana genannt, haben Sie vielleicht schon etwas gehört. Achtsamkeit ist ein Leben im Hier und Jetzt. Mit allen Sinnen, ohne Kritik und Bewertungen. Sie sehen, riechen, hören, schmecken, spüren sich und Ihre Umgebung völlig wertfrei. Ihr Geist wandert nicht mehr unkontrolliert in Vergangenheit oder Zukunft umher. So ist kein Platz vorhanden, um Probleme zu wälzen, für Grübeleien und sich Sorgen machen.

Es wird oft davon ausgegangen, Achtsamkeit wäre bloße Konzentration. Doch dies ist nur ein Aspekt.

Gesammelt und zentriert, bei völliger Wertfreiheit, öffnet sich ein Raum, in dem Achtsamkeit erlebbar war. Dies geschieht bei einem Naturerlebnis manchmal sogar ohne unser Zutun. Gerade dann, wenn die Schönheit des Naturphänomens, wie z.B. ein atemberaubender Sonnenuntergang, so überwältigend ist und einfach nur sprachlos macht.

So unterstützt uns ein Aufenthalt im Wald durch seine Fülle und Pracht, aber auch durch seine beruhigende Wirkung, uns bei den Achtsamkeitsübungen.

Achtsamkeit bedeutet, wieder zu staunen wie ein Kind. Ein Kind sieht z. B. einen Baum und berührt ihn erst einmal. Es möchte den Baum erkunden und alles mit den Sinnen wahrnehmen. Es steckt vielleicht ein Blatt in den Mund, fühlt die Rinde und riecht an ihr. Als Erwachsener sehen wir einen Baum und denken sofort „Baum... kenne ich... langweilig". Vielleicht interessiert uns noch der Name, und wir denken noch ein wenig über ihn nach. Wenn wir den Namen gefunden haben, fangen wir an, Ihn zu bewerten: gefällt mir - gefällt mir nicht. Und so weiter. Aber die volle Schönheit des Baumes nehmen wir so leider nicht mehr wahr.

Übung: Wertfreies Beobachten eines Baumes

Um einen Baum achtsam wahrzunehmen, nehmen wir unsere Atmung zu Hilfe. Wir atmen ganz ruhig ein und aus und konzentrieren uns voll und ganz auf den Atemvorgang. Wir schließen die Augen um uns zu zentrieren und nicht abgelenkt zu werden. Wir nehmen wahr, wie durch das Ein-und Ausatmen sich die Bauchdecke oder der Brustraum heben und senken. Wenn wir ganz ruhig geworden sind, öffnen wir wieder die Augen und schauen einen Baum in unserer Nähe an. Falls Gedanken über den Baum in unserem Geist auftauchen, schließen wir wieder die Augen und fangen von vorn an. Seien Sie bitte geduldig mit sich selbst. Bleiben Sie wertfrei. Haben Sie Freude an der kleinen Übung und lassen Sie einfach alles auf sich zukommen. Bleiben Sie einfach wie ein Kind neugierig!

„Bäume sind

das endlose Bemühen der Erde,

mit dem Himmel zu sprechen."

- Rabindranath Tagore,
bengalischer Dichter und Philosoph -

Vor dem ersten Waldbad

- Am Anfang suchen Sie sich ein Waldstück in Ihrer Nähe aus. Gut wäre es, wenn Sie sich dort ein wenig auskennen würden, damit Sie sich auf Ihre Übungen und nicht auf das Suchen des Weges konzentrieren müssen. Falls dies nicht möglich ist, suchen Sie sich einen gut beschilderten Rundweg aus. Wenn Sie in einer Stadt wohnen, suchen Sie einen Stadtpark auf. Auch hier sind genügend Pflanzen, um Terpene einzuatmen und die Farbe Grün genießen zu können.

- Wählen Sie eine ruhige Gegend aus, wo Sie sich unbeobachtet fühlen, so dass Sie sich ganz auf Ihre Übungen konzentrieren können. Falls Sie einen ruhigen Ort nur schwer finden, dann suchen Sie sich zwischendurch beim Gehen immer wieder einen Baum oder einen Busch aus, hinter dem Sie sich geschützt und unbeobachtet fühlen können.

- Stellen Sie Ihr Smartphone lautlos, besser noch in den Flugzeugmodus, sodass Sie von Aufrufen oder Nachrichten nicht abgelenkt werden. Stellen Sie den Timer an. Am Anfang in einem Intervall von ca. 15 Minuten. So werden Sie regelmäßig von Ihren Gedanken abgelenkt und können eine Atemübung durchführen.

- Sie können vor Ihrem ersten Waldbaden eine Meditations-App downloaden. Solche Apps kann man sehr einfach einstellen. Sie werden mit wunderbaren Klängen wie z. B. von Klangschalen ans Innehalten erinnert.

- Gehen Sie am besten allein, oder gegebenenfalls mit jemanden, der während des Waldbadens schweigen kann, in den Wald. Denn wenn wir im Gespräch Probleme miteinander austauschen, steigen evtl. unsere Stresshormone. Das liegt daran, dass wir Menschen bestimmte Nervenzellen in unserem Gehirn haben, die Spiegelneuronen. Wir haben dadurch ein sogenanntes Resonanzsystem im Gehirn, das Gefühle und Stimmungen anderer Menschen bei uns selbst zum Auslösen bringt. Diese Neuronen sorgen dafür, dass wir z. B. gähnen müssen, wenn wir es vorher bei jemanden beobachtet haben.

- Schauen Sie sich vor dem Waldbaden, die von dem führenden Forscher Prof. Qing Li zu diesem Thema ausgearbeiteten Empfehlungen an und machen Sie möglichst daran angelehnt Ihre Pläne.

- Bereiten Sie sich ein leckeres Essen für Ihre Pausen im Wald vor. Essen schmeckt an der frischen Luft doppelt so gut!

„Zen studieren bedeutet,

sich selbst zu studieren.

Sich selbst zu studieren bedeutet,

sich selbst zu vergessen.

Sich selbst zu vergessen,

bedeutet in Harmonie zu sein,

mit allem was uns umgibt."

– Zen-Meister Dogen Zenji –

Dr. Qing Li's Empfehlungen

Im Laufe seiner Forschungsarbeiten gab Dr. Qing Li folgende Tipps zum Waldbaden:

- Wenn man einen halben Tag Zeit hat, ist es vorteilhaft, mindestens 2 Stunden im Wald zu verbringen und dabei ca. 2,5 km zu Fuß zu gehen.

- Bei einem ganzen Tag Waldbaden bleibt man mindestens 4 Stunden im Grünen und legt ca. 5 Kilometer zurück.

- Vorab sollte man sich einen kleinen Spazier- oder Wanderplan erstellen, der an die persönliche Fitness angepasst ist.

- Beim Waldbaden darf man nicht müde werden.

- Wenn man doch müde wird, kann man überall sofort ausruhen.

- Am besten Wasser oder Tee mitnehmen.

- Im Wald einen Platz, der einem gefällt, finden und dort sitzen und lesen oder einfach nur die Landschaft genießen.

- Das Waldbaden sollte man ganz nach den persönlichen Zielen auswählen.

- Wenn man möchte, kann man nach dem Waldbesuch ein warmes Bad zu Hause nehmen.

- Zur Stärkung des Immunsystems nimmt man ein 3-tägiges Waldbad, am besten einmal im Monat. Denn die Erhöhung von Killerzellen hält bis zu 30 Tage an.

- Zur alleinigen Stressreduzierung empfiehlt es sich, einen Tagesausflug in ein Waldgebiet in der Nähe zu unternehmen.

- Wichtiger Rat: Waldbaden ist zur Vorbeugung gedacht, um gesund zu bleiben. Wer bereits krank ist, geht zum Arzt, nicht in den Wald [2].

Verpflegung für das Waldbaden

Da wir beim Waldbaden einige Zeit in der Natur verbringen, empfehle ich Ihnen nicht nur etwas zum Trinken, wie z. B. Wasser oder Tee mitzunehmen, sondern auch eine Kleinigkeit zum Essen. Wir wollen beim Waldbesuch weder müde, durstig noch hungrig werden. Daher ist es gut, Vorsorge zu treffen. Zusätzlich stimmen wir uns so mit Vorfreude auf unser Vorhaben ein.

Da Shinrin Yoku aus Japan stammt, liegt es nahe, auch die folgende alte japanische Tradition auszuprobieren. Sie ist auch bei uns in Mode gekommen und sehr gesund: die Bento-Box:

Bentō

Bentō gibt es schon seit dem 5. Jahrhundert. Damals waren es noch einfache Bambusrohre, in denen die Speisen mit auf das Feld oder auf die Jagd mitgenommen wurden.

Heute sind die Bentō-Boxen meist aus Kunststoff. Sie haben für die verschiedenen Nahrungsmittel Unterteilungen, damit die unterschiedlichen Speisen nicht den Geschmack voneinander annehmen können.

Zur gesunden Aufbewahrung gibt es bei diesen Boxen ein paar kleine Regeln:

4:2:1

Bentō-Boxen befüllt man nach der Faustregel 4:2:1. Damit ist gemeint:

- vier Teile Kohlenhydrate, z.B. Reis oder Brot

- zwei Teile Proteine, z.B. Fisch oder Fleisch

- ein Teil, z.B. Gemüse und Obst.

Washoku

Hier wird die Harmonie des Essens betont. Die fünf Prinzipien des Washoku (bedeutet übersetzt „japanisches Essen") zum Herstellen eines traditionellen und gesunden Essens in Japan sind:

- **Go Shiki - Die fünf Farben**

    1. rot/orange
    2. weiß
    3. schwarz/braun/violett
    4. grün
    5. gelb

Mit den verschiedenen Farben wird für eine ausreichende Vielfalt von Vitaminen und Nährstoffen gesorgt.

- **Go Mi - Die fünf Geschmacksrichtungen**

    1. süß (Amai)
    2. sauer (Suppai)
    3. bitter (Nigai)
    4. scharf (Karai)
    5. salzig (Shiokarai)

Mit der Auswahl an diesen verschiedenen Geschmäckern sorgen Sie für ein größeres Genusserlebnis.

- **Go Ho - Die fünf Zubereitungswege**

    1. Gekochtes
    2. Rohes

3. Gebratenes
4. Frittiertes
5. Eingelegtes

- **Go Kan - Die Fünf Sinne**

  Hier wird Wert auf das Sehen, Riechen, Schmecken, Hören und Berühren der Speisen gelegt. So wird das Erleben der Nahrungsmittel weiter gesteigert.

- **Go Kan Mon - Die Fünf Perspektiven**

  1. Hier ist die Geisteshaltung gemeint, mit der das Gericht gegessen wird. Besonders zu betonen, ist die Wertschätzung und der Respekt gegenüber der Person, die das Gericht zubereitet hat. Und falls sie selbst diese Person sind, dann sich selbst gegenüber!

  2. Des Weiteren sind wir dessen bewusst, dass wir die Energie nutzten, die im Essen stecken.

  3. Wir hegen nur positive Gedanken beim Essen.

4. Wir machen uns bewusst, dass wir mit den Speisen unsere Seele und unseren Körper nähren.

5. Wir denken daran, dass wir ernsthaft an unserer Erleuchtung arbeiten.

Die sorgfältige Zubereitung zeigt sehr deutlich den Einfluss des Zen und der Achtsamkeit im Alltag der Japaner.
Sie können Ihre Achtsamkeit gleich bei der Zubereitung schulen. Dazu machen Sie vor und während der Zubereitung immer wieder Atemübung Nummer 2. Das hilft Ihnen mit Ihren Sinnen ganz bei Ihrem Tun zu sein. Riechen Sie währenddessen zwischendurch an Ihren Lebensmitteln, bestaunen Sie die Farben, fühlen Sie die Beschaffenheit...

Vielleicht erscheint im ersten Moment das Prinzip der Bentō-Box kompliziert. Zur Erleichterung finden sich im Internet viele Anregungen und Rezepte. Wenn der Dreh erst einmal raus ist, hat man eine tolle Möglichkeit, sich auch für den Arbeitsalltag gesund mit einer Bentō-Box zu verpflegen.

Übrigens: Japaner wissen um den Wert von Ästhetik. Daher richten sie ihre Speisen in den Boxen stets sehr sorgfältig an. Sie formen z. B. aus Reis kleine Figuren. Machen sie es genauso, oder lassen sie sich Formen für das Schnitzen von Figuren aus ihrem Gemüse einfallen. Seien Sie kreativ! Denn mit Liebe zubereitete Mahlzeiten schmecken einfach besser!

„Tu deinem Leib

des Öfteren etwas Gutes,

damit deine Seele Lust hat,

darin zu wohnen"

- Teresa von Avila,
spanische Mystikerin -

Vor dem Eintritt
in den Wald

„Gebt alle Bindungen auf
und ruht euch von den Pflichten
des Alltags aus.

Denkt nicht an gut und böse.
Hört auf, über die Dinge nachzudenken und
lasst alle Begriffe und Vorstellungen los"

~ Zen-Meister Dogen Zenji ~

Wer kennt das nicht? Der Tag, oder gar die ganze Woche waren stressig und vieles hat aufgewühlt und vielleicht verärgert. Meist ist es dann schwer, das Erlebte loszulassen.

Damit Sie sich ganz auf die Walderfahrung einlassen können, ist es hilfreich, Sorgen und Probleme zuvor mit Hilfe eines kleinen Rituals abzulegen:

Übung: Das Päckchen packen

Schließen Sie vor dem Waldbaden (vielleicht noch in Ihrem Auto oder im Bus) kurz die Augen. Stellen Sie sich vor, sie hätten eine große Kiste Ihrer Wahl, in der Sie Ihre Sorgen und Probleme hineinlegen dürfen. Schließen Sie diese Kiste gedanklich mit einem ganz großen und massiven Schloss. Und nun suchen Sie sich im Geist einen sicheren Ort für Ihre „Problemkiste". Er muss so weit weg wie möglich von Ihnen sein. Wenn Sie einen geeigneten Ort gefunden haben, verstauen Sie dort die Kiste. Sagen Sie zu sich selbst: „So liebe Sorgen und Probleme, Ihr dürft hier warten. Ich benötige euch beim Waldbaden nicht!" Nehmen Sie kurz das befreiende Gefühl wahr, welches in Ihnen aufsteigt und öffnen Sie wieder die Augen.

Shinrin Yoku können wir auch als Waldmeditation bezeichnen, denn genau das ist es: ein meditativer Waldbesuch. So sind alte Meditationsanweisungen zur Durchführung eines Waldbades sehr hilfreich.

Zen-Meister Dogen riet den Meditierenden: „Nimm drei Atemzüge und leere deinen Geist" Was er damit meinte, können wir unmittelbar durch folgende Übungen erfahren:

2. Atemübung: Den Geist leeren

Atmen Sie so tief wie möglich mit der Nase ein und atmen Sie dann mit einem „fff"-Laut ganz langsam aus. Das „fff" fungiert als sogenannte Lippenbremse und lässt den Atem langsam, kontrolliert und viel länger wie gewöhnlich aus den Lungen entweichen. Sie atmen so lange aus, bis der Einatem-Impuls von allein wiedereinsetzt. Dann atmen Sie ein paar Atemzüge ganz normal weiter, bevor Sie die Übung wiederholen.

Nachdem Sie diese Übung beherrschen, empfehle ich Ihnen mit der nächsten Übung fortzufahren, um die beruhigende Stille des Geistes im vollen Umfang wahrnehmen zu können.

3. Atemübung: Innere Stille finden

Führen Sie Übung 2 wie beschrieben durch und atmen Sie mit dem „fff" aus. Am Ende des Ausatmens seien Sie ganz wachsam und fragen Sie sich, was da am Ende des Ausatmens ist. Bleiben Sie ganz entspannt und neugierig. Was nehmen Sie am Ende war, wenn scheinbar keine Luft mehr in Ihren Lungen ist, kurz bevor der Impuls zum Einatmen wiedereinsetzt?

Tipp: Es empfiehlt sich, diese Übungen während des Waldbadens immer wieder einzubauen. Aber auch im Alltag können Sie mit Ihnen einfach und schnell zur Ruhe finden.

Im Wald

Dr. Qing Li empfiehlt beim Waldbaden 2,5 bis 5 km zu Fuß zurückzulegen und 2 - 4 Stunden im Wald zu verbringen, sich nicht zu verausgaben und sich im Wald niederzulassen und z. B. etwas zu lesen[2].

Dabei sind können Sie weitere Atemübungen durchzuführen. Dies ist sehr effektiv und unterstützend. Sie stammen aus dem Qi Gong, mit denen wir unsere Einatmung immer mehr vertiefen können. Denn je tiefer die Atmung, desto mehr atmen wir heilsame Terpene ein und aktivieren unseren Vagus-Nerv.

4. Atemübung: Den Brustkorb öffnen

Hier werden Körperbewegung und Atemvorgang miteinander in Einklang gebracht und die Atmung vertieft. Stellen Sie sich locker hin. Die Beine stehen hüftbreit auseinander und die Knie sind ein wenig gewinkelt. Sie heben jetzt locker Ihre Arme hoch bis in Schulterhöhe, die Handflächen zeigen nach unten. Dann drehen Sie die offenen Handflächen zueinander und nehmen die Hände auseinander, bis sie mit den Armen an den Körperseiten angekommen sind. Bei diesem Bewegungsablauf atmen Sie gleichzeitig tief ein. Als nächsten atmen Sie wieder aus und währenddessen führen Sie die Arme wieder vor sich zusammen, bis zwischen den Handflächen ca. eine Handbreit Platz ist. Weiter ausatmend drehen Sie die Handflächen nach unten und führen sie bis zu ihrer Hüfte. Diese Übung wiederholen Sie ca. 5 Minuten lang, wenn Sie mögen auch gern länger.

Übrigens: Je tiefer die Atmung, desto stärker wird der Vagus-Nerv stimuliert. Wir werden ruhiger. Und gleichzeitig atmen wir eine größere Konzentration Terpene ein!

Wenn Sie die Übung auf der nächsten Seite, die „Qi-Atmung", ein paar Minuten lang durchführen, wird die Atmung immer tiefer. Sie atmen mehr Terpene ein und werden zusätzlich mit jedem Atemzug ruhiger.

„Das Bewegliche

überwindet das Harte,

das Gelassene überwindet

das Aufgeregte"

- aus dem Tao Te King -

5. Atemübung: Die Qi-Atmung

Die Beine stellen Sie bitte wieder hüftbreit auseinander. Die Knie sind locker und leicht gewinkelt. So kann die Energie ungehindert fließen. Sie heben die Arme im großen Bogen seitlich vom Körper ab, bis hoch über den Kopf, wo Sie die Handflächen aneinanderlegen. Dabei atmen Sie tief ein. Beim Ausatmen ziehen Sie die Hände vor dem Körper nach unten bis vor die Brust. Die Fingerspitzen werden dann nach vorne und unten gekippt, bis zur Hüfthöhe. Das alles während des Ausatmens. Die Handaußenseiten zeigen nach links und rechts und jetzt trennen wir die Handflächen voneinander und beginnen mit der Übung von vorn, mit fließenden Bewegungen und koordiniert mit dem Ein- und Ausatmen.

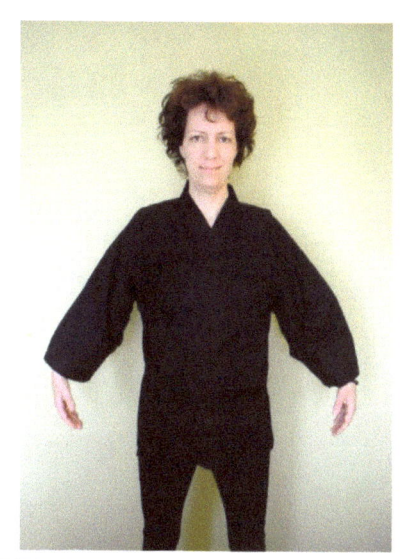

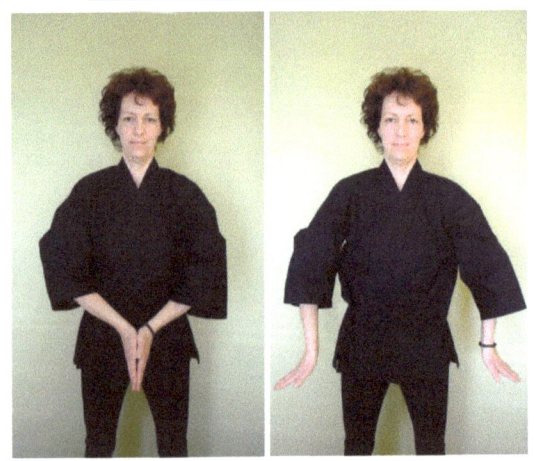

Die folgende Übung „Stehen wie eine Kiefer" gebe ich seit vielen Jahren in meinen Entspannungskursen weiter. Sie ist sehr wirksam und das Bild der Kiefer kann im Alltag innerlich visualisiert werden. So können Sie sich in stressigen Zeiten stabilisieren und erden.

Wenn der Kopf voll ist und die Gedanken kreisen, steckt unsere ganze Energie beim Grübeln. Es kostet Kraft, macht müde und oft sehr unglücklich. Ein sehr guter Weg dies zu durchbrechen, ist über das Spüren des Körpers zu gehen. Das heißt, wir konzentrieren uns auf unseren Körper, dann werden die Gedanken stiller. Eine sehr heilsame Übung aus dem Qi Gong:

Übung: Stehen wie eine Kiefer

Stellen Sie Ihre Beine hüftbreit auseinander. Die Arme hängen locker an den Seiten. Überprüfen Sie Ihre Schulter. Seien Sie locker? Wenn nicht, dann ziehen Sie sie kurz hoch zu den Ohren und lassen die Arme einfach fallen. Machen Sie dies bitte drei Mal.

Überprüfen Sie Ihre Körperhaltung. Die Wirbelsäule sollte gerade ausgerichtet sein. Aber bitte nicht verkrampfen. Die Knie sind locker und nicht durchgedrückt. Sie sind gesammelt und nehmen ein paar achtsame Atemzüge. Die Augen sind geschlossen. Nun stellen Sie sich vor, Ihre Füße seien die Wurzeln einer Kiefer und reichen tief ins Erdreich. Sie stehen fest verankert und stabil. Sie fühlen weiter nach oben und sehen Ihre Beine als den Baumstamm einer Kiefer. Oberkörper und der Kopf sind die Krone des Baumes.

Sie bleiben locker und nehme allmählich wahr, wie Sie anfangen leicht hin und her zu wiegen. Wie eine Kiefer im Wind. Sie halten nichts fest, Sie bleiben flexibel. Sie passen sich an den Wind an. Ein paar Minuten bleiben Sie auf diese Weise stehen. Sie genießen dieses Gefühl von Ruhe. Aber auch das Gefühl von Stabilität. Denn Sie sind mit Ihren Füßen fest verankert. Kein Sturm des Lebens kann Ihnen so etwas anhaben. Sie dürfen ganz bei sich bleiben und sich wie die Kiefer im Sturm anpassen und flexibel sein...

Dann öffnen Sie wieder die Augen. Sie sind ruhig, zentriert und können sich so nun wieder den Reizen des Waldes voll widmen.

Übrigens: Kennen Sie die Geschichte der nordamerikanischen Umweltaktivistin Julia Butterfly Hill? Um einen Küstenmammutbaum vor der Abholzung zu retten, lebte Sie 738 Tage in 60 m Höhe, auf zwei Plattformen in dem 3000 Jahre alten Baum und stieg in dieser Zeit nicht ein einziges Mal herab. Sie war Wind und Wetter ausgesetzt und trotze sogar Stürmen. In einem Interview [3] erzählte sie von Ihren Erlebnissen während eines sehr starken Sturmes. Sie glaubte, sie müsste sterben. Doch dann beobachtete sie die Bäume rings um sich herum, wie sie sich wiegten und sich dem Wind anpassten. Sie machte es den Bäumen gleich und lies innerlich los. Sie klammerte sich nicht mehr an Ihr Leben und passte sich an. Und sie überlebte. Ein verblüffender Beweis, für die Wirksamkeit des Loslassens... Ganz so praktizieren wir es in der Übung „Stehen wie eine Kiefer"!

Julia Butterfly bestieg 1997 diesen riesigen Baum. Sie entwickelte zu ihm eine starke Bindung. Die Jahreszeiten beobachtend, gab es nicht viel zu tun. Damals gab es noch keine Smartphones und keine Tablets zur Ablenkung. Dies war einem meditativen Rückzug ähnlich. Ganz so wie eine Zeit in einem Zen-Kloster zu verbringen und an einem Sesshin teilzunehmen.

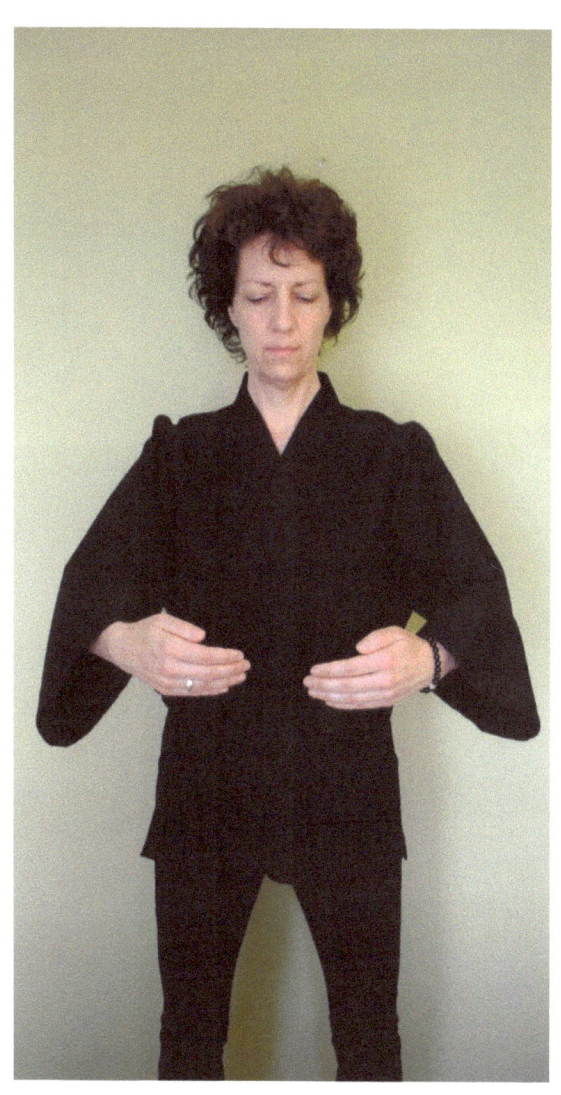

Sesshin -
Meditation im Wald

„Lass also davon ab,

Erklärungen zu suchen und Worten

nachzujagen! Lerne, das Licht sich

zurückwenden und auf die eigene Natur

scheinen zu lassen."

- Zen-Meister Dogen Zenji -

Was hat Zen-Meister Dōgen damit sagen wollen?
Mit „Erklärungen und Worten nachjagen" ist das

ständige Grübeln im Kopf gemeint. „Lernen, das Licht nach innen zu wenden" bedeutet, seine Aufmerksamkeit, sein Bewusstsein, von außen nach innen zu lenken. Also, zu meditieren.

Um die Zeit im Wald noch intensiver zu nutzen, immer ruhiger zu werden und zu sich zu finden, können Sie die traditionellen Meditationspraktiken aus dem Zen gut umsetzen. Der innerliche Frieden kann auf diese Weise sehr gesteigert werden. Hier spreche ich aus eigener Erfahrung.

Dazu brauchen Sie kein Meditationskissen mit in den Wald zu nehmen, oder sich gar in den Schneidersitz zu begeben. Ein Baumstamm reicht als Sitzgelegenheit völlig aus.

Hier die genaueren Erklärungen der unterschiedlichen Übungen und deren Umsetzung im Wald:

SESSHIN

Als Sesshin wird eine intensive Meditationszeit im Zen bezeichnet. Dies wird zumeist hinter Klostermauern praktiziert. Hierbei wechseln sich Zeiten von Zazen (Sitzmeditation), Kinhin (Gehmeditation) und Rezitationen (Aufsagen von Sutren) ab.

Und genau dies lässt sich sehr gut im Wald umsetzen. Klöster wurden und werden bei uns in Europa, genauso wie in Asien, im oder um Waldgebiete errichtet. Es ist schon sehr lange bekannt, wie die Natur die Besinnung und die innere Einkehr unterstützt.

Da wir beim Waldbaden möglichst 2-4 Stunden Zeit verbringen sollten, kann man diese Übungen im Wechsel (ganz so wie bei einem Sesshin im Kloster) durchführen und die Ruhe und Ausgeglichenheit weiter steigern.

ZAZEN

Zazen heißt ist die klassische Sitzmeditation. Es gibt dort verschiedene Sitzmöglichkeiten, in denen meditiert wird. So gibt es den Lotussitz, den wir von Buddha-Statuen her kennen, den halben Lotussitz, den burmesischen Meditationssitz und den Kniesitz. Oder man setzt sich einfach auf das vordere Drittel eines Stuhles. Egal für was für eine Haltung man sich entscheidet, wichtig sind folgende Punkte:

- Der Sitz sollte stabil sein. Er muss dazu drei Auflagepunkte haben. Im Lotussitz wären es das linke und rechte Knie, sowie das Gesäß. Unsere drei Punkte beim Sitzen im Wald auf einem Baumstamm oder einem Stein wären dann linkes und rechtes Bein und das Gesäß. Wenn Sie können und möchten, nehmen Sie auch gern am Waldboden den Lotussitz ein.

- Die Wirbelsäule wird gerade ausgerichtet.

- Die Schultern werden nach hinten gezogen, die Brust wird so geöffnet und hat viel Raum zum Atmen.

- Die Hände liegen locker auf den Oberschenkeln, so dass sich die Schultermuskeln entspannen können.

- Der Blick wird Richtung Boden gesenkt, die Augen bleiben geöffnet, der Blick ist unscharf und fixiert nichts.

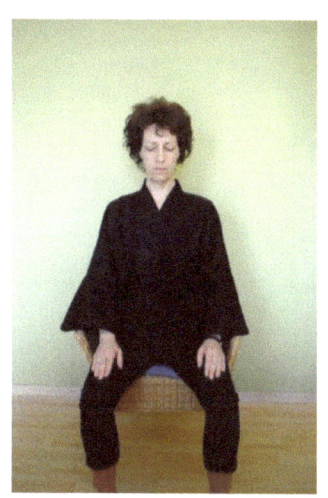

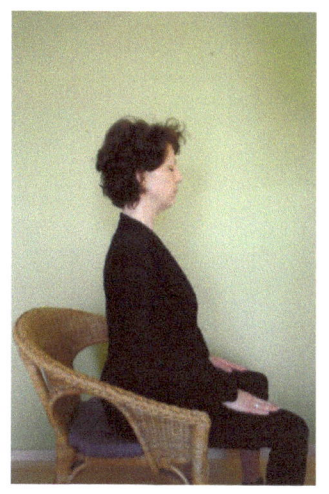

„In der Sitzmeditation können Atem,

Körper und Geist zur Ruhe kommen

und allmählich eins werden" [4]

- Thich Nhat Hanh,
Zen-Meister -

So vorbereitet, können Sie mit der Sitzmeditation beginnen. Das bedeutet im Zen, Sie machen nichts anderes, als Ihren Atmung zu beobachten. Sie bleiben bewertungsfrei und folgen mit Ihrer Aufmerksamkeit dem Atemfluss. Sie bemerken wie Ihre Bauchdecke sich hebt und senkt. Sie nehmen den Luftstrom in Ihrer Nase war. Sie beobachten, sonst machen Sie nichts weiter.

Aber Gedanken wollen sich ihrer Natur nach wieder schnell aufdrängen und sich bemerkbar machen. Wenn dies geschieht, bleiben Sie ruhig, nehmen Sie sie wahr und lassen diese Gedanken wieder ziehen wie Wolken am Himmel. Bleiben Sei ruhig, entspannt und freundlich zu sich selbst. Dann konzentrieren Sie sich wieder auf Ihre Atmung. So sitzen Sie eine Zeit von ca. 15 - 25 Minuten in Versenkung.

KINHIN

Als Kinhin bezeichnet man die achtsame Gehmeditation zwischen den Sitzmediationen.

- Sie setzen dazu langsam und konzentriert einen Schritt vor den anderen.

- Beginnen Sie mit dem linken Fuß. Das ganze Körpergewicht ist dazu komplett auf dem rechten Fuß, sodass Sie kontrolliert den linken Fuß abheben können.

- Sie nehmen wahr, wie die linke Ferse als erstes Bodenkontakt bekommt und rollen dann sanft den ganzen Fuß ab.

- Ihr Körpergewicht ist jetzt auf beide Beine gleichmäßig verteilt.

- Nun verlagern Sie Ihr Gewicht auf die linke Seite und heben den rechten Fuß an. Sie führen den nächsten Schritt aus.

- So fahren Sie im Wechsel fort. Wichtig ist hierbei, konzentriert zu bleiben und die Bewegungen des Körpers wahrzunehmen.

REZITATION

Als Rezitation bezeichnet man das laute Aufsagen eines Sutras. Sutren sind im Buddhismus alte Lehrtexte des Buddha.

Im Zen wird für diese Übung das Herz-Sutra (Maka Hannya Haramita Shingyo) laut und konzentriert gelesen. Den Inhalt müssen Sie nicht verstehen, um eine beruhigende Wirkung zu erzielen. Der Geist kann nicht zwei Gedanken gleichzeitig denken, so ist das Rezitieren eines Textes in fremder Sprache hilfreich. Sie können ihn urteilsfrei lesen und brauchen nicht über ihn nachzudenken. Sie finden so zu Ihrer inneren Mitte.

„Wenn du auslöscht

Sinn und Ton,

was hörst du dann?"

- ein Koan -

Hier die japanische Fassung, wie sie in Zen-Klöstern gelesen wird:

MA KA HAN NYA HA RA MI TA SHIN GYÔ

KAN JI ZAI BO SATSU GYÔ JIN
HAN NYA HA RA MI TA
JI SHO KEN GO ON KAI KU
DO IS SAI KU YAKU
SHA RI SHI
SHIKI FU I KU KU FU I SHIKI
SHIKI SOKU ZE KU
KU SOKU ZE SHIKI
JU SO GYÔ SHIKI YAKU BU NYO ZE
SHA RI SHI
ZE SHO HO KU SO FU SHO FU
METSU FU KU FU JO FU ZO FU
GEN ZE KO KU CHU MU SHIKI
MU JU SO GYÔ SHIKI
MU GEN NI BI ZE SHIN NI MU SHIKI
SHO KO MI SOKU HO MU GEN
KAI NAI SHI MU I SHIKI KAI
MU MU MYO YAKU MU MU MYO JIN
NAI SHI MU RO SHI YAKU
MU RO SHI JIN
MU KU SHU METSU DO

MU CHI YAKU MU TOKU

I MU SHO TOKU KO

BO DAI SA TTA E

HAN NYA HA RA MI TA

KO SHIN MU KEI GE

MU KEI GE KO

MU U KU FU ON RI IS SAI

TEN DO MU SO KU GYÔ

NE HAN SAN ZE SHO BUTSU

E HAN NYA HA RA MI TA KO

TOKU A NOKU TA RA SAN

MYAKU SAN BO DAI

KO CHI HAN NYA HA RA MI TA

ZE DAI JIN SHU ZE DAI MYO

SHU ZE MU JO SHU ZE MU TO

DO SHU NO JO IS SAI KU

SHIN JITSU FU KO KO SETSU

HAN NYA HA RA MI TA SHU

SOKU SETSU SHU WATSU

GYA TEI GYA TEI HA RA GYA TEI HA RA SO GYA TEI

BO JI SO WA KA

HAN NYA SHIN GYO

Zur korrekten Aussprache der japanischen Wörter noch ein Tipp: das „J" wird wie ein „dsch" ausgesprochen.

Falls Ihnen das laute Aufsagen des Textes in freier Natur unangenehm ist, können Sie ihn selbstverständlich auch leise, oder sogar stumm lesen. Auch so werden sich Ihre Gedanken beruhigen.

Die wohltuenden Klänge der Vokale a, e, i, o, u massieren beim Aufsagen den Körper von Innen und haben eine positive Wirkung auf unseren Chakren.

Probieren Sie es gleich einmal aus. Das „A" ist, wie oben schon erwähnt, für den Herzbereich:

Übung: Das „A" tönen - Das Herz stärken und ausgleichen

Schließen Sie bitte Ihre Augen und konzentrieren sich auf Ihren Herzbereich. Visualisieren Sie die Farbe Grün in diesem Bereich. Nun tönen Sie, laut oder leise, den Buchstaben „A". Spüren Sie die Vibration in Ihrer Brust. Machen Sie es ein paar Minuten lang und spüren Sie kurz nach. Wie fühlt sich jetzt

Ihr Brustraum an? Wie nehmen Sie Ihren Herzschlag war?

Wenn Sie der Inhalt des Herz-Sutras interessiert, finden Sie hier eine deutsche Übersetzung. Ich rate Ihnen dennoch, zum Rezitieren den japanischen Text zu verwenden. Denn wie schon erwähnt, lässt er die Gedanken ruhiger werden, als es der deutsche Text vermag [5]:

„Der Bodhisattva Avalokiteshvara
hatte sich in die Übung der tiefen Prajna-Weisheit versenkt
und erkannte, dass alle fünf Skandhas Leerheit sind.
So gelangte er über alles Leiden hinaus.
Höre, Shariputra!
Form ist Leerheit, Leerheit ist Form.
Form unterscheidet sich nicht von Leerheit,
Leerheit unterscheidet sich nicht von Form.
Was daher Form ist, das ist Leerheit,
was Leerheit ist, das ist Form.
Das gilt für alle fünf Skandhas gleichermaßen:
für Körper, Empfindung, Wahrnehmung, Willensimpulse und für das Bewusstsein.
Höre, Shariputra!

Alle Dinge dieser Welt erscheinen als Form und als Substanz.
Das ist nichts anderes als ihre Leerheit:
Sie entstehen nicht und vergehen nicht.
Sie sind weder rein noch unrein.
Sie nehmen nicht zu und nehmen nicht ab.
In der Leerheit gibt es also keinen Körper,
keine Empfindung, keine Wahrnehmung,
keinen Willensimpuls und kein Bewusstsein.
Es gibt weder Auge, Ohr, Nase, Zunge, Körper
noch Geist, weder Formen, Töne, Duft, Geschmack, Berührbares noch Denkbares.
Es gibt weder die Welt der Sinne noch die Welt des Bewusstseins.
Da ist auch keine Unwissenheit und kein Ende von Unwissenheit.
Da gibt es weder Alter und Tod noch die Überwindung von Alter und Tod;
kein Leiden, keine Ursache, kein Ende des Leidens und auch
keinen Weg, der zum Ende des Leidens führt.
In der Leerheit ist kein Erkennen und kein Erreichen,
weil es da nichts zu erreichen gibt.
Die Bodhisattvas leben aus dieser tiefen Prajna-Weisheit,
nichts hemmt Ihren Geist, und aus dieser Freiheit sind sie ohne Furcht. Jenseits aller Illusionen ha-

ben sie Nirvana vollendet.

Die Erwachten der drei Welten, der Vergangenheit, Gegenwart und Zukunft, folgen der Prajna-Paramita-Weisheit und erwachen zur höchsten Erleuchtung, vollkommen und unübertroffen.

Darum erkenne: diese Prajna-Paramita-Weisheit ist das große Mantra,

das hell strahlende Mantra, das unübertroffene Mantra,

das Mantra jenseits aller Dualität, wo alles Leiden aufhört,

Wahrheit, an der nichts fehlt.

Das ist das Wort, gesprochen aus der tiefen Prajna-Weisheit:

Gate gate paragate parasamgate bodhi svaha."

MANTRA

In dem obigen Text wird das Wort Mantra benutzt. Was ist ein Mantra?

Ein Mantra ist ein Wort aus der alten indischen Sprache Sanskrit. Geläufige Übersetzungen für dieses Wort sind: Spruch, Lied oder Hymne. Das Ziel eines Mantras ist es, genau wie beim Rezitieren von Sutren, den Geist zu beruhigen und sich zu fokussieren. Wenn Sie also dieses Buch nicht gerade zur Hand haben, um das ganze Herz-Sutra rezitieren zu können, dann können Sie die wichtigste Passage daraus auswendig lernen und das Mantra

Gate gate paragate
parasamgate bodhi svaha

leise im Geist, oder gerne laut, wiederholen.

HAIKU

Haiku schreiben ist eine sehr alte Tradition in Japan und hat noch heute seinen festen Platz in japanischen Gesellschaft. Schon vor Jahrhunderten traf man sich, um zusammen Haiku zu verfassen. Oft werden Haiku die kürzeste Gedichtform der Welt genannt. Sie sind dreizeilig und werden mit den Silbenzahlen 5-7-5 verfasst. Das bedeutet, die erste Zeile hat Wörter mit insgesamt 5 Silben, die zweite mit 7 und die dritte wieder mit 5 Silben. Es gibt gelegentlich Ausnahmen. Gerade wenn ein altes japanisches Haiku in die deutsche Sprache übersetzt wird, gibt es durchaus Abweichungen.

So ist das berühmte „Frosch"-Haiku von dem japanischen Dichtern Matsuo Bashô (1644–1694), u.a. wie folgt übersetzt worden [6]:

„Der alte Teich.

Ein Frosch springt hinein –

das Geräusch des Wassers"

Das Verfassen von Haiku-Versen ist einfach. Sie müssen dazu nicht schreibbegabt sei. Das ist nicht das Wichtigste. Es handelt sich um eine weitere Art, Achtsamkeit zu lernen, um ganz im Hier und Jetzt anzukommen und die eigenen Wahrnehmungen zu schulen. Es gibt nur wenige Regeln für das Schreiben:

- Es wird ein bewusst erlebter Moment in Textform gebracht. Wie schon erwähnt hat die erste Zeile 5 Silben, die zweite Zeile 7 Silben und die letzte Zeile wieder 5.

- Ein Haiku hat einen Bezug zur Natur, am besten wird die Jahreszeit erkennbar.

- Es soll ein einmaliges Ereignis beschreiben

- Das Ereignis soll sich auf die Gegenwart beziehen

Übung: Zur Durchführung setzen Sie sich an einen idyllischen Platz im Wald, der Sie besonderes anspricht. Schließen Sie die Augen und bringen Sie Ihre Atmung und Ihren Geist mit den Atem-Übungen Nr. 2 und 3 zur Ruhe. Sobald Sie sich ruhig und entspannt fühlen, öffnen Sie wieder Ihre Augen und schauen Sie sich um.

Was nehmen Sie mit Ihren Sinnen war? Was hören, sehen, riechen, schmecken, spüren Sie? Schreiben Sie es unmittelbar auf und bringen Sie es in die oben angegebene Silbenform.

Herzlichen Glückwunsch zu Ihrem ersten Haiku! Wenn Ihnen das Ergebnis noch nicht zusagt, „feilen" Sie ruhig noch eine Weile an Ihren Worten. Das ist beim Haiku-schreiben eine durchaus gängige Praxis. So können Sie sich noch zu Hause an den erlebten Moment im Wald erinnern und weiterschreiben.

Wenn Ihnen das Schreiben von Haiku nicht so sehr liegt, so können Sie Haiku auch fotografieren. Gehen Sie mit den Atem-Übungen vor wie erwähnt und machen Sie Fotos. Auch hier wird geübt, sich ganz im jetzigen Moment zu befinden und die Natur wahrzunehmen.

„Die Sinne verfangen

in tiefstehender Sonne.

Da! Das Licht bricht durch!"

~ Susanne Enners ~

Hals- und Nackenmuskulatur lockern

Falls Ihre Sitzmöglichkeit in der Natur zu unbequem war und sich dadurch Ihre Hals- und Nackenmuskeln etwas verspannt haben, empfehle ich folgendes:

Übung: Hals und Nacken lockern

Die Hals- Nackenmuskulatur können Sie lockern. Auch hier nehmen Sie Ihre Atmung zu Hilfe. Sie atmen ein und legen den Kopf dabei in den Nacken. Dann atmen Sie langsam aus und nehmen dabei den Kopf wieder nach vorn, so als wollte das Kinn die Brust berühren und dehnen somit den Nackenbereich. Das wiederholen Sie ein paar Mal, bis Sie eine Lockerung wahrnehmen.

Als nächstes atmen Sie tief ein und während der Ausatmung drehen Sie den Kopf weit nach links, um ihn zu dehnen. Dann drehen Sie den Kopf wieder zur Mitte und atmen wieder ein. Beim nächsten Ausatmen drehen Sie den Kopf zur anderen Seite und dehnen. So fahren Sie fort. Im Wechsel nach beiden Seiten.

Übrigens: Nacken- und Halsmuskulatur sind klassische Stressmuskeln. Die Nacken- und Schultermuskulatur reagieren sehr direkt auf Stress. Ohne es wahrzunehmen, ziehen wir bei Belastungen oft die Schultern ein und verkrampfen. So entstehen Nacken- und Kopfschmerzen.

Nach dem Waldbesuch

Wenn Sie aus dem Wald zurück sind, begeben Sie sich bitte nicht sofort in Geschäftigkeit und Hektik. Genießen Sie die Ruhe noch einige Zeit. Kommen Sie erst einmal zu Hause an. Machen Sie sich vielleicht eine Tasse Tee. Suchen Sie ein gemütliches Plätzchen in Ihren eigenen vier Wänden und spüren Sie nach. Wie fühlen Sie sich jetzt? Was ist anders als vor Ihrem Waldbesuch?

Dr. Qing Li empfiehlt nach dem Waldbaden ein „normales" Wasserbad zu nehmen. Auch dieser Tipp ist nachvollziehbar. Ein warmes Vollbad lässt die Haut gut durchbluten und wirkt entspannend.

Übrigens: In Japan gibt es eine alte Badekultur. Die Wurzeln reichen in Japan, laut archäologischen Funden, wahrscheinlich zehntausend Jahre zurück. Über 28.000 heiße Thermalquellen in Japan laden dazu ein. Es gibt in Japan ca. 3000 offizielle Bäder, die in Japan „Onsen" genannt werden. Sie sind nicht zur Reinigung gedacht, das macht der

Japaner vor dem Eintritt ins Bad. Hier geht es darum, den Geist und den Körper zu entspannen. Jeder Japaner, auch die Schulkinder, nehmen zum Abschluss des Tages ein Bad. Ob zu Hause oder im öffentlichen Onsen.

„Ein Bad erfrischt den Körper,

eine Tasse Tee den Geist"

- Japanisches Sprichwort -

Unser Wald

In Deutschland haben wir schon immer mit und vom Wald gelebt. Wir schlugen Holz, um Ackerbau betreiben zu können. Wir wärmten uns am Feuer seiner Stämme und Äste. Unsere Schweine trieben wir ins Gehölz, damit sie von den Bucheckern und Eicheln gemästet wurden. Heilkräuter wurden in ihm gesammelt. So haben wir von Geburt an eine Bindung zu unseren Bäumen aufgebaut.

Ich persönlich hatte das große Glück, in einer waldreichen Gegend Deutschlands aufzuwachsen. Meine Familie hielt sich sonntags oft im Gehölz auf, zum Spazierengehen und zum Spaß haben. Wir hatten einen Fitnessparcours im Wald und wir Kinder liebten es, herum zu tollen. Meine Großeltern hatten sogar ein kleines Ferienhaus im Wald.

Gerade meine Mutter war und ist gerne in Wald unterwegs. Sie war meine erste Achtsamkeitslehrerin. Schon als ich im Kinderwagen lag, hob sie zwischendurch den Zeigefinger und sagte: „Vögelchen... horch!"

So ist auch in unserem Land vielen Menschen die Heilkraft des Waldes durchaus bewusst.

Eines Tages fand ich während meiner Streifzüge durch den Forst ein Schild mit folgendem Gedicht:

Dr. Wald

Wenn ich an Kopfschmerzen leide und Neurosen, mich unverstanden fühle oder alt und mich die schönen Musen nicht umkosen, dann konsultiere ich den „Dr. Wald".

Er ist mein Augenarzt, mein Psychiater und mein Internist.

Er heilt mich ganz bestimmt von jedem Kater, ob der aus Kummer oder Cognac ist.

Er hält nicht viel von Pülverchen oder Pille, doch umso mehr von Luft und Sonnenschein und kaum umhüllt mich seine Stille, raunt er mir zu:

„Nun atme tief du ein".

Ist seine Praxis oft auch überlaufen, in seiner Obhut läuft man sich gesund und Kreislaufkranke, die noch heute schnaufen, sind schon morgen ohne klinischen Befund.

Er bringt uns immer wieder auf die Beine, das Seelische ins Gleichgewicht, verhindert Fettansatz und Gallensteine.

Doch „Hausbesuche" macht er nicht!

- Helmut Dagenbach, Jahr 1986

Nachwort

Die Idee zu diesem Buch ist, wie nicht anders zu erwarten, bei meinen vielen Waldbesuchen entstanden. Es war Sommer und ich genoss die Bäder im Wald. Das schöne Wetter wollte ich die nächsten Wochen ausnutzen und in der Natur meine Zeit verbringen. So nahm ich mir vor, im Winter mit dem Schreiben zu beginnen.
Also wartete ich auf den Winter und wollte arbeiten. Doch ich bekam kein Wort „aufs Blatt". Mir fehlten die Ideen, die ich doch vorher im Sommer so klar vor Augen hatte.

Ich war länger nicht mehr im Wald gewesen, da die Wege vereist waren. So musste ich mich gedulden und warten.

Es wurde Frühling und die Sonne rief mir wieder zu: „Jetzt aber sofort in den Wald und genieße meine ersten Strahlen!" Also zog ich voller Freude Jacke und Schuhe an. Ich war kaum ein paar Schritte zwischen den Bäumen, und es schon entstand in meinem Geist Kapitel um Kapitel. Dieses Buch erwachte zum Leben, ganz so wie die Natur um mich herum! Ein weiterer Beweis für die wunderbare Inspirationskraft des Waldes!

Die Natur ist einfach

WUNDERVOLL!

Die Übungen im Überblick

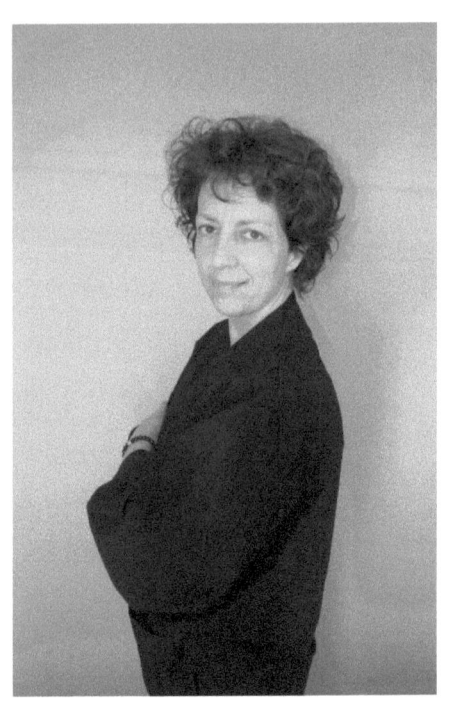

Über die Autorin

Susanne Enners ist ausgebildete Entspannungs-
trainerin und Meditationslehrerin.
Seit vielen Jahren leitet sie Seminare zu den The-
men Waldbaden, Entspannung und Meditation.

Sie praktiziert Zen-Meditation, Qi Gong und Yoga.
Sie beschäftigt sich mit japanischen Traditionen
und Zen-Künsten.

Zu ihren persönlichen Achtsamkeitsübungen gehören Shinrin Yoku, Haiku schreiben, Meditation und
das Spielen der Shakuhachi.

Nebenbei schreibt sie Kolumnen für eine Tageszei-
tung.

Weitere Informationen und Seminartermine der
Autorin finden Sie auf ihrer Homepage:

www.shinrin.de

E-Mail: info@shinrin.de

Danksagung

Ich danke von Herzen meinem Ehemann Andreas, der mich die vielen Jahre in meiner Weiterentwicklung unterstützt hat.

Ich danke meinem verschiedenen Lehrerinnen und Lehrern, insbesondere Gerhardt Staufenbiel. Er hat meine Kenntnisse über Zen und Japan stets erweitert und vertieft. Ohne ihn wäre dieses Buch nie entstanden. Ich empfehle an dieser Stelle seine sehr informative Homepage:

www.teeweg.de

Ich danke meiner Mutter, sie hat mir die Liebe zur Natur in die Wiege gelegt.

Ich danke meinem Vater, er brachte mir Tai-Chi und Qigong näher. Er hat immer an mich geglaubt und mich auf den Weg gebracht.

So danke ich meiner lieben Schwester Sandra. Sie stand mir bei meinen Projekten immer unterstützend zur Seite.

Nachweise

Seite 16 + 21   (1): „Der Biophilia Effekt",
                 Clemens G. Arvay, Ullstein Verlag, Jahr 2016

Seite 36 + 47   (2): www.hphpcentral.com/article/
                 forest-bathing, (Übersetzung aus dem Engli-
                 schen: Susanne Enners, keine Haftung und
                 Gewähr für Fehlerfreiheit)

Seite 57   (3): arte Dokumentation „Ein Traum von
                 Baum, Teil 2 – Die Standhaften", Jahr 2017

Seite 66   (4): „Thich Nath Hanh, Heute achtsam le-
                 ben", Herder Verlag, Jahr 2003

Seite 74   (5): Herz-Sutra-Übersetzung nach Fumon S.
                 Nakagawa:
                 www.drachengesang.com/maka-hannya-
                 shin-gyo/

Seite 79   (6): www.teeweg.de/de/
                 literatur/basho/furuikeya.htm

Glück

Das Glück ist wie ein scheues Reh:

Wenn wir ihm nachjagen,

entwischt es uns.

Doch wenn wir ganz ruhig sitzen bleiben,

unserem Atem folgen und so ein

Teil des Waldes werden,

kommt es zu uns

und berührt uns tief im Herzen!

- Susanne Enners -

Zeitfracht Medien GmbH
Ferdinand-Jühlke-Straße 7
99095 Erfurt, Deutschland
produktsicherheit@kolibri360.de